AF502496

LE CODE CIVIQUE DE LA FRANCE, OU LE FLAMBEAU DE LA LIBERTÉ.

DÉDIÉ à la Fédération Française.

Les sociétés humaines ne seront véritablement libres qu'après qu'on en aura élevé tous les membres dans la connoissance, la pratique, l'amour et l'habitude des moyens d'opérer leur bonheur les uns par les autres, suivant le plan qui en a été tracé dans le Catechisme du Genre-Humain.

A PARIS,

Chez tous les marchands de nouveautés.

Et chez DEBRAY, Libraire au Palais royal.

1790.

LE CODE CIVIQUE DE LA FRANCE, OU LE FLAMBEAU DE LA LIBERTÉ.

OBSERVATIONS PRÉLIMINAIRES.

PREMIERE OBSERVATION.

Les institutions, les loix, les opinions qui ont régi l'espece humaine depuis tous les siecles connus, n'ont pas été décrétées par des assemblées nationales; elles ne tirent leur origine que de l'égoïsme stupide des plus forts : elles n'ont été sanctionnées que par les impostures et les prestiges de l'égoïsme hypocrite et sanguinaire des hommes les plus vains et les plus rusés, dans la vue d'en profiter eux seuls, au détriment des plus forts comme des plus foibles.

A

I I.

Il est mathématiquement prouvé par les lumieres acquises et par l'expérience de tous les siecles connus, que ces institutions, ces loix et ces opinions sont contre nature; qu'elles ne peuvent par conséquent produire que des effets contre nature; qu'elles n'ont engendré, d'individu à individu, de famille à famille, et de peuple à peuple, que l'intérêt désastreux de se diviser, de se tromper, de se dégrader, de se chicanner, de se voler, de s'assassiner, de s'empoisonner, de se faire la guerre et de se détruire les uns par les autres.

I I I.

Aujourd'hui que la nation françoise est assemblée pour sa régénération, et que ses représentans sont obligés par conséquent de faire le procès à toutes ces causes de l'aveuglement et de l'oppression du genre humain, il ne doit point paroître étonnant que l'égoïsme brutal et insocial si naturel aux hommes, joint à l'habitude d'institutions, de loix et d'opinions contre nature, qui leur ont été transmises de siecle en siecle et de pere en fils, les fasse regarder au plus grand nombre, comme un héritage auquel il ne peut plus être permis de toucher, sans se rendre coupable de crime de leze-majesté divine et humaine.

I V.

Pour peu qu'on réfléchisse sur l'origine des choses et des conditions humaines, on sera convaincu que ce crime de leze-majesté divine et humaine, dans tous ses différens chefs, n'a été imaginé, institué par les ministres du fanatisme de tous les tems, que pour contenir par la crainte des supplices, et asservir les peuples à la défense réciproque des autels et des trônes (monumens (1) orgueilleux et terribles des imposteurs et des tyrans) et que pour être la plus sure comme la plus épouvantable sauve-garde des plus grands criminels de leze-nation.

V.

Dans cet état de choses, comment ne pas varier en opinions pour s'éclairer ? comment s'accorder sur des regles pour se conduire ?

---

(1) Qu'on en juge par toutes les inscriptions, notamment par celle-ci qu'on lit sur la porte de l'église du couvent des Capucines, rue Neuve-des-petits-champs:

« PAVETE AD SANCTUARIUM MEUM EGO DOMINUS. »

comment pouvoir se régénérer ? Mithridate accoutumé au poison, ne put en tirer au besoin le secours qu'il s'en étoit promis. Oh ! que le pouvoir de l'habitude est impérieux et difficile à vaincre !

V I.

Cependant, quelle barriere, quel espace immense l'assemblée nationale n'a-t-elle pas franchi, en rendant la nation maîtresse des possessions et du sort de son clergé, source intarissable d'impostures, d'hypocrisie, de superstition, de massacre et de malédiction ; en foulant aux pieds les chimeres et les usurpations de sa noblesse, source de tyrannie, d'avilissement et d'oppression ; en extirpant les corps gangrenés de sa magistrature, source de ruine, de misere et d'infamie ; en mettant un frein à l'égoïsme sans borne des gens de cour, source de brigandage, de dissipation et de tous les genres d'excès qui ont traîné la France au bord de l'abyme (1) ;

(1) Il y a 74 ans que la cour de France fit une banqueroute de quatre milliards : elle étoit au moment d'en faire une de quatre milliards cinq cent millions, sans la révolution, et elle arriveroit infailliblement, cette désastreuse banqueroute, si les ennemis de la révolution étoient les plus forts. Ils osent même soutenir, pour allarmer les

en purgeant son sein des sang-sues et des impôts désastreux, source de tant de rapines, de vexations, de meurtre, de désolation et de diversion funeste à l'inappréciable culture des terres.

V I I.

Tels sont les miracles qui ont été opérés, comme en un clin d'œil, par la reconnoissance authentique des droits de l'homme; par l'établissement d'un seul ordre de personnes, sous le titre unique de citoyen, qui égale les plus petits aux plus grands, les plus foibles aux plus forts; par l'extinction de la féodalité; par la restitution très-amere des possessions immenses surprises à la crédulité des peuples; par la tolérance des différens cultes et la liberté des opinions religieuses; par la démolition d'un dédale de loix oppresseur et homicide; et enfin, par l'établissement d'un ordre d'économie et de contribution le plus capable de réparer les ruines du corps entier de la nation et d'en cicatriser les plaies les plus profondes et les plus invétérées.

---

peuples, qu'elle est inévitable, malgré les efforts et les mesures de l'assemblée nationale qui en a mis la France à couvert.

VIII.

Oui, ce sont là les seuls vrais et très-salutaires miracles auxquels il nous soit permis désormais d'ajouter foi, puisque la fameuse révolution qui rappelle du néant les droits de l'homme, ceux de la bienfaisante nature et de son ineffable auteur, annéantit tous les autres miracles par lesquels ils en avoient été dépouillés et dégradés; qu'ainsi ces prodiges d'une révolution qui étonne le siecle présent, et qui fera le bonheur de tous les siecles à venir, ne peuvent point être le produit des forces ni des combinaisons d'un peuple élevé dans les ténebres de la superstition et nourri dans les fers de l'esclavage; mais bien l'œuvre le plus éclatant du Tout-Puissant Maître de l'univers, pour marquer l'époque immortelle à laquelle ses bontés infinies ont voulu affranchir le genre humain, son plus bel ouvrage du globe terrestre, de l'aveuglement et de la servitude que tous les prétendus miracles et les révolutions des siecles passés, n'avoient fait que propager et rendre plus incurables.

I X.

Eh quoi! l'organisation et la direction des lumieres acquises et des forces du corps entier de la nation, contre les entreprises des ennemis de sa régénération, présenteroient-elles des obstacles plus difficiles à surmonter ? faudroit-il de plus grands miracles pour maintenir les droits de l'homme, ceux de la bienfaisante nature et de son ineffable auteur, que ceux qui les ont rappellés du néant ? Après avoir écrasé toutes les têtes de l'hydre, donnerions-nous au monstre le tems de se remettre, pour qu'il en repoussât de nouvelles, dont les ravages seroient infiniment plus désastreux et irremédiables, en renvoyant à une autre législature, comme on a osé le proposer, les moyens de consolider les droits de l'homme citoyen, et de les mener à leur perfection, sous le prétexte pusillanime et trompeur, que la plus grande partie du peuple François n'est point encore assez éclairée pour en profiter, et trop habituée à la corruption de l'ancien régime, pour être susceptible de la perfection du nouveau ?

X.

Ce relâchement ou ce piége est inconciliable avec les décrets de l'assemblée nationale, la marche qu'elle s'est prescrite, et avec la fermeté des vrais représentans de la nation, aujourd'hui plus que jamais sous la garde et la protection du Tout-Puissant Maître de l'univers.

X I.

Certes, s'il est donc vrai que les moyens de consolider les droits de l'homme citoyen et de les mener à leur perfection, dépendent de la régénération ou extinction de l'ancien régime, et de l'établissement d'une constitution toute nouvelle, ne doit-on pas regarder les retards et tous les instans perdus pour opérer ce bonheur du genre humain, comme autant de contraventions aux devoirs les plus sacrés des représentans de la nation Françoise, qui en sont devenus les artisans solidaires par le devoir de leur mission la plus importante et la plus glorieuse qui ait jamais existé ? S'il est donc vrai que le défaut de lumieres ou d'éducation, vice le plus funeste qu'on ait à reprocher à l'ancien régime, rende la plus grande partie des peuples peu susceptible, ou même incapable de s'élever à la connoissance et à la perfection de ses droits, peut-on concevoir de plus urgente nécessité que celle de l'éclairer sur les causes de tant de maux qui l'affligent, ainsi que sur les remedes ?

X I I.

Quel danger de répandre les lumieres et les remedes sur presque la totalité de l'espece humaine qui en a le plus grand et le plus pressant besoin,

besoin, lorsqu'il est évident que ce ne seront que les opprimés qui en seront soulagés, et que ce ne seront que les oppresseurs qui en feront tous les frais, qui cesseront d'être injustes envers le plus grand nombre de leurs semblables, et que c'est là le seul moyen de s'en faire adorer?

XIII.

Il est mathématiquement démontré par les lumieres acquises et par l'expérience de tous les siecles, que le partage ou la propriété des terres; que le mariage canonique, ou la propriété des femmes ont divisé, armé et fait détruire les individus, les familles et les peuples les uns par les autres, et que le dédale des loix pour le maintien de ces institutions désastreuses, n'est qu'une citadelle toujours prête à faire feu sur les peuples, pour les contenir dans l'oppression de la misere et de l'esclavage que ces mêmes institutions n'ont pu qu'engendrer.

XIV.

Comment donc faire revivre et maintenir les droits de l'homme social ou citoyen, tant qu'on laissera subsister ces institutions qui n'établissent qu'un intérêt anti-social, mercenaire et homicide, de ne rapporter qu'à soi et à sa postérité tout ce qui ne doit être rapporté qu'à la masse générale de la société, pour être partagé et distribué selon les besoins de chacun de ses membres, ainsi que la nature et son tout-puissant auteur en ont établi le droit imprescriptible, lequel s'exécute chez toutes les especes d'animaux vivans en société ? Comment établir un ordre judiciaire pour le maintien du juste, tant que ces institutions, qui n'engendrent que l'intérêt de l'injuste, subsisteront; et tant que ce dédale de loix qu'il est impossible au plus grand nombre de connoître, et qui pourtant l'oblige, le ruine et le tue, suivant l'inconséquente maxime de nos jurisconsultes, plus diserts qu'équitables, IGNORANTIA JURIS NON EXCUSAT, ne sera pas détruit de fond en comble comme la bastille?

X V.

Les hommes ne naissent-ils pas tous avec les mêmes besoins et les mêmes droits ? n'est-ce pas le même soleil qui les éclaire ? la terre n'est-elle pas à l'égard de tous ses habitans ce qu'est la table d'un festin à l'égard des convives ? Que diroit le maître du festin, si le plus petit nombre, parce qu'il se seroit armé d'un poignard, ou décoré d'une croix, s'emparoit de tous les mets et de toutes les places, lorsqu'il y auroit abondamment de quoi rassasier tout le monde et avoir les coudées franches ? O nature ! O son tout-puissant auteur ! délivrez-nous de tant de folie et de rage.

X V I.

Quel danger, quel malheur, quel injustice, d'obliger ceux qui se sont emparé jusqu'ici de tous les genres de pouvoir, de possession et de jouissance, soit par eux, soit par leurs ancêtres, sans en être plus heureux, au contraire, à en faire les honneurs à ceux qu'ils en ont dépouillés, ou à leurs descendans, pour ne les employer qu'au bonheur de leurs freres, s'ils ne veulent pas en être abandonnés et bannis de leur société!

X V I I.

Il est mathématiquement démontré par les lumieres acquises, que les institutions de l'ancien régime n'ayant établi pour principe et pour mobile des actions humaines, qu'un vil intérêt, fondé sur l'attrait d'une récompense ou sur la crainte d'un châtiment, n'ont pu former que des esclaves ou des mercenaires, et qu'elles ont corrompu le vrai principe ou mobile de toutes nos actions morales et sociales, qui est, « de ne faire le bien que pour l'amour du bien ; de ne fuir le mal que par l'horreur du mal ».

XVIII.

Quel danger d'éclairer les peuples sur la nécessité de regénérer, de rétablir et de mettre en activité ce véritable principe de nos actions morales et sociales, en proscrivant toutes les causes capables d'en altérer la pureté, et en nous obligeant de rapporter tout ce que nous sommes, tout ce que nous possédons, tout ce que nous ferons pour le bonheur de nos freres, au tout-puissant maître de l'univers, comme notre cause premiere, et à la nature, comme notre cause seconde, auxquels seuls tout appartient.

XIX.

Peut-il exister d'obligation plus salutaire que celle d'opérer notre bonheur les uns par les autres? Peut-il exister de religion plus sainte, que celle de rapporter tous les moyens de nous acquitter de cette obligation les uns envers les autres, au tout-puissant maître de l'univers et à la bienfaisante nature, de qui nous les tenons?

XX.

Ne sommes-nous donc pas assez convaincus

que les avantages ou les talens naturels ne peuvent pas être un sujet de prétention ni de vanité, puisqu'il est métaphysiquement certain qu'ils appartiennent essentiellement, ainsi que notre existence, à la nature et à son tout-puissant auteur? Ne sommes-nous donc pas assez convaincus que les avantages de l'opulence et de l'éducation devroient nous humilier, puisqu'il est mathématiquement prouvé, qu ils ne proviennent que du plus grand des vices de l'ancien régime, qui est cause que le plus grand nombre de nos freres n'a pu se procurer les mêmes avantages de l'opulence et de l'éducation ? Que d'avantages, que de talens, que de lumieres, que de force, que de moyens perdus par le défaut d'éducation du plus grand nombre de nos freres ! Que n'en feroit point éclore et briller à l'avenir, une éducation générale qui ne tendroit qu'à perfectionner toutes les facultés de l'ame et du corps de chaque individu, et qui apprendroit à n'en faire usage que pour le bonheur de tous, les uns par les autres !

CONCLUSION.

Nous devons donc tirer la conséquence mathématique, que pour que la régénération ou nouvelle constitution soit véritablement bonne et conforme aux principes constitutifs des droits de l'homme, dans l'ordre de la nature, qui ne demandent qu'à être perfectionnés dans l'ordre social, la régénération ou nouvelle constitution française doit avoir essentiellement pour base, comme pour but, inébranlables, de faire servir tous les avantages ou talens naturels, ceux de l'opulence et de l'éducation, aux besoins de tous ceux de nos freres ou concitoyens que la nature ou le plus grand vice de l'ancien régime en a privés ; quelques efforts, quelque répugnance, quelques sacrifices qu'il en coûte à notre aveugle égoïsme qui, par l'habitude d'institutions, de loix et d'opinions contre nature, n'a fait de notre vie qu'un serpent qui nous caresse jusqu'à ce qu'il nous ait rongé le cœur, en attendant que par les effets salutaires d'une éducation sociale ou nationale dans la connoissance, la pratique, l'amour et l'habitude d'institutions de loix et d'opinions toutes conformes à la nature, qui ne demande qu'à être cultivée et perfectionnée dans l'homme, cet égoïsme, ce serpent ou cet hydre qui empoisonna l'espèce humaine, ne puisse plus infecter de son souffle désastreux les générations futures, du bonheur desquelles nous serons les mille et mille fois bénis artisans.

Que ce grand œuvre s'opere sous le nom ou l'autorité du plus juste et du meilleur des citoyens, notre auguste monarque, sous l'égide et la lumiere de sa nation, par le ministere de ses représentans.

TITRE PREMIER.

De l'état des personnes et de leurs droits.

ARTICLE PREMIER.

Il n'y aura désormais en France qu'un seul ordre de personnes, sous le titre unique de citoyen.

I I.

Nul ne sera réputé François, ni citoyen, qu'il n'ait prêté le serment civique.

I I I.

Tout François, naissant défenseur de la patrie, ou s'obligeant à l'être par son serment, ne pourra se qualifier de citoyen ou de défenseur de la patrie qu'il n'ait atteint l'âge de 18 ans.

I V.

Seront réputés citoyens actifs ou contribuables tous ceux qui, après avoir atteint l'âge de 25 ans, contribueront, soit de leur personne, soit de leur fortune, au bien général ou particulier de la société ou nation françoise, sans qu'aucun genre de fonction ni de service puisse être, en aucun cas, un sujet de vanité, ni d'humiliation, ni de prérogative quelconque.

V.

Nul associé ou citoyen François ne pourra prétendre au droit de subsistance sans un travail utile au bien général ou particulier de ses co-associés ou concitoyens, ni sans une contribution proportionnée à sa fortune.

V I.

Il sera pourvu incessamment et sans délai à la subsistance des pauvres citoyens, reconnus hors d'état de travailler.

V I I.

Pour l'exécution des deux précédens articles, il sera incessamment établi dans tous les lieux du royaume, au choix et à la commodité des municipalités, des atteliers publics, où les pauvres citoyens Français puissent acquérir, par leur travail, leur droit de subsistance; ainsi que des hospices pour ceux reconnus hors d'état de pouvoir travailler, le tout aux frais des municipalités qui seront tenues de les y envoyer.

VIII.

VIII.

Nul citoyen ne pourra élever un bâtiment sur la voie publique que d'après un plan relatif à la plus grande sûreté, commodité, salubrité, utilité et agrément du public, sauf au particulier propriétaire à s'arranger ensuite pour son compte, sans nuire à ses voisins.

IX.

Comme dans l'ordre privé nulle servitude sans titre, et que dans l'ordre public, il est impossible qu'il en existe, il sera incessamment procédé à la vérification de tous les bâtimens, établissemens et monumens qui donnent atteinte à la sûreté, commodité, salubrité, utilité et agrément du public, et seront favorablement accueillies toutes les dénonciations contre tous les différens genres de servitudes (1), ainsi que

(1) Il fut donné au gouvernement, en 1786, un discours contre les servitudes publiques qui écrasent et qui empoisonnent tous les habitans de la capitale du royaume, dans lequel discours il est prouvé que, par une suite de l'habitude de ne consulter en tout que son intérêt personnel, auquel l'intérêt public a toujours été sacrifié, nos imbéciles rédacteurs de la coutume de Paris n'avoient fait de loix pour affranchir les propriétaires, de voisin à voisin, de tous les genres de servitudes urbaines, que pour en accabler toute

les plans et les moyens les plus efficaces et les plus prompts d'en affranchir les habitans des villes, ceux de la campagne et les voyageurs, sans que dans aucun cas, l'intérêt privé, jusqu'ici en opposition à l'intérêt général, puisse arrêter ou

---

la masse des habitans des villes, de façon que rien n'est plus instant que d'occuper tous les ingénieurs, tous les architectes, tous les maçons et tous les ouvriers, à arranger le rez-de-chaussée des maisons sur les rues, de maniere à pouvoir y passer, comme sous les galeries du palais royal, et à établir par-tout des commodités où les urines ne puissent pas se mêler avec les excrémens, suivant le plan indiqué dans ce même discours, ou un meilleur qu'il sera très-possible de donner; le tout provisoirement, jusqu'à ce qu'il y ait un plan de perfection auquel on sera obligé de se conformer pour bâtir à neuf sur les rues, et pour exploiter utilement les immondices. C'est un des plus importans objets des droits de l'homme social, qu'aucune loi, qu'aucun intérêt privé, n'a pu offenser ni prescrire.

Qu'a-t-on fait pour le peuple en France? Quel génie a présidé à tous les genres d'établissemens, si ce n'est un génie ministériel sans cesse altéré du sang et de la sueur des peuples, l'ennemi le plus implacable & le bourreau des plus zélés défenseurs de l'humanité. A Londres, le peuple n'est point écrasé, couvert de boue, infecté comme à Paris. Est-il un gouvernement sur la terre où les gens à talens, ouvriers, cultivateurs, en un mot, la classe la plus précieuse, soit plus misérable qu'en France; et la classe des fainéans plus considérée et plus écrasante.

empêcher l'exécution du présent article, de laquelle exécution les officiers municipaux seront garans, comptables et responsables.

X.

En attendant, les citoyens les plus riches ne pourront s'arroger le droit d'occasionner plus d'embarras ni de dangers dans les rues que les citoyens les plus pauvres.

TITRE II.

DU GOUVERNEMENT.

ART. Ier.

Le gouvernement François étant monarchique, tout ce qui intéressera la nation s'ordonnera par les représentans de la nation, & s'exécutera sous le nom ou l'autorité d'un seul citoyen, roi des Français.

II.

Le roi, ou régisseur de la société ou nation Françoise, sera regardé comme le premier citoyen né membre de l'assemblée nationale, et avoir concouru en cette qualité à la confection de la loi par la majorité des représentans de la nation.

I I I.

Le roi, comme régisseur de la société ou nation Françoise, sera tenu de donner sa sanction à tous les décrets de l'assemblée nationale, et le secrétaire du roi obligé d'en donner avis sans délai au président de l'assemblée nationale, qui en décretera l'impression, l'envoi et la promulgation dans toutes les municipalités du royaume à la diligence de leurs députés, qui seront tenus d'en certifier l'assemblée des représentans de la nation.

I V.

L'assemblée nationale ayant déclaré sa permanence et son unité, le pouvoir exécutif ne pourra avoir d'autres ministres que les représentans de la nation; et dans le tems de vacance, que les membres de l'assemblée nationale de vacations, qui sera établie AD HOC, et composée d'un Député de chaque département qui aura fait preuve de plus de lumiere et de patriotisme.

V.

Tout agent du pouvoir exécutif qui ne seroit pas représentant de la nation, sera proscrit comme notoirement incompétent, sans droit, sans intérêt, sans qualité, pour stipuler, conserver, veiller, exécuter et défendre aucun intérêt national, et comme ne pouvant que rompre ou affoiblir les liens qui doivent unir pour jamais le citoyen roi à sa nation, et la nation citoyenne à son régisseur.

V I.

Rien de ce qui intéressera la nation ne pourra demeurer dans le secret : tout sera proposé à la discussion de ses représentans et soumis à l'opinion publique par la voie de l'impression : tout sera exécuté de même.

V I I.

Dans le cas où la censure publique s'éleveroit contre un décret de l'assemblée nationale, elle en pésera les motifs dans sa sagesse, et elle avisera pour le mieux.

V I I I.

Le gouvernement François ne devant avoir pour base de sa régénération ou nouvelle constitution civique que l'amour de l'humanité, ni d'autre but que de fraterniser avec tous les peuples de la terre, abolira pour jamais l'institution désastreuse du droit de la guerre, ne reconnoîtra qu'un droit naturel de défense et de représaille, en cas d'attaque ou de surprise d'aucunes des possessions Françoises; duquel droit les représentans de la nation ne feront usage, avant ou après l'attaque ou la surprise, qu'après avoir épuisé tous les moyens de pacification et de réparation.

IX.

Il ne sera établi de relation, ni d'alliance, ni de commerce au dehors, que pour propager les lumieres, concourir aux besoins, à la paix et au bonheur de toutes les nations, suivant la maxime fondamentale de toutes les sociétés humaines, que les hommes ne sont point nés, ne se sont point associés, ne se sont point constitués pour se tromper, se dégrader et se détruire; mais pour s'éclairer, se perfectionner, s'aimer, se conserver et se rendre heureux les uns par les autres.

X.

Toutes les facultés de l'ame et du corps des François seront cultivées, perfectionnées et dirigées pour la défense intérieure et extérieure des droits de l'homme citoyen; de même que toutes les terres et leurs productions, pour pourvoir à tous les besoins individuels.

TITRE III.

DES ELECTIONS.

ART. Ier.

La qualité de plus juste et de premier citoyen sera conservée à l'aîné des enfans mâles de la postérité de notre bon roi Louis XVI, restaurateur de la liberté françoise, pour être, après la mort de son pere, proclamé roi des Français au milieu de l'assemblée nationale, après le serment de ne vivre que pour le bonheur de la nation, d'en exécuter et faire exécuter toutes les loix.

II.

Il sera procédé à l'élection des citoyens pour tous les différens genres d'administration et de fonctions civiles et militaires, dans les formes prescrites par les décrets de l'assemblée nationale.

III.

Les faits de brigue, de malversation et d'incapacité, seront des moyens d'exclusion des offices, du moment qu'ils seront notoires, et que la preuve en aura été acquise, sans que, dans aucun cas, sous peine de punition exemplaire, il soit permis de se livrer à aucune voie de fait ni injure contre les officiers, qui seront tenus de donner leur démission.

TITRE IV.

De la subordination civile et militaire.

ART. Ier.

Tous les différens grades étant cotés et désignés par la loi, la subordination ne sera plus regardée comme une soumission à la volonté de son semblable, mais comme une obligation d'obéir à la nation, à la loi et au roi, ou comme une exécution de son serment civique.

ART. II.

Tout citoyen qui sera décoré de l'uniforme de la garde nationale, et des armes pour la défense de la patrie, sera tenu de prêter le serment militaire de ne les porter, ni de n'en faire usage que contre les ennemis de la nation Françoise, ni de ne jamais s'en servir contre aucun de ses camarades ni citoyens François, ses freres, dans le sang desquels il est affreux de les tremper, sous quelque prétexte d'injure ou de voie de fait que ce puisse être.

I I I.

Il ne sera établi ni reconnu de point d'honneur que celui de pardonner : tout acte de vengeance sera déclaré contraire à l'honneur, réprimé et puni (1).

I V.

Celui qui manquera à la subordination deviendra coupable envers la nation, la loi et le roi, ainsi que de viol de son serment.

V.

Celui qui n'obéira pas à son supérieur, ou qui s'écartera des devoirs réciproques de l'honnêteté, sera dans le cas de la contravention aux loix de la patrie et à son serment.

---

(1) La chimere du point d'honneur, qui ne tire son origine que des loix barbares de Gondebaut, fut inconnue chez les peuples les plus braves et les plus éclairés de l'antiquité. Thémistocle présenta le dos à la canne du général Lacédémonien qui la tenoit levée sur sa tête, en lui disant : « tiens, » frappe, mais écoute ». Socrate, le plus brave comme le plus sage des hommes, ayant reçu un souflet, dit à celui qui venoit de le lui donner : « si j'avois porté un casque, tu » te serois fait plus de mal que tu ne m'en as fait ». La vengeance dégrade l'homme; elle n'est pardonnable qu'aux bêtes féroces qui n'ont pas été apprivoisées.

TITRE V.

De la police générale du royaume.

ART. Ier.

Nul étranger ne pourra s'introduire ni voyager en France, sans être avoué d'un correspondant François non suspect, à la municipalité la plus prochaine, qui lui délivrera un passe-port, dans lequel il sera fait mention de son pays, de son âge, de sa profession, et du sujet de son voyage (1).

II.

Nul François ne pourra se transporter d'un canton, district ou département, dans un autre, sans être muni d'un passe-port de sa municipalité dans la même forme.

III.

Il sera établi dans chaque municipalité un bureau de surveillance sur les personnes et sur les terres, dont il sera dressé chaque année un ré-

(1) Dans les circonstances actuelles, il doit en être de la garde du royaume de France, comme de la garde de la maison d'un gros banquier de Paris : les portes doivent en être fermées et bien gardées, si on veut dormir tranquille.

censement dans des registres, en marge desquels seront écrites les notes sur le caractere, les dispositions naturelles et la position des personnes, ainsi que sur la qualité des terres et le genre de culture le plus convenable, pour servir à l'instruction des cantons, districts et départemens qui correspondront graduellement et en communiqueront avec l'assemblée nationale, le centre commun du royaume, pour la sûreté et le bien public.

I V.

Les municipalités, cantons, districts et départemens fraterniseront, s'éclaireront, se communiqueront et se procureront réciproquement tous les secours dont ils auront besoin.

V.

Tous les étrangers et gens sans aveu qui n'auront pas d'autre profession que celle de mendians ou d'intrigans, seront tenus de se retirer chacun dans leur pays : ils y seront contraints par la garde nationale, de municipalité en municipalité, jusqu'aux frontieres, avec défenses de rentrer en France, sous peine de galeres.

TITRE VI.

De la réforme des anciennes loix et de l'organisation du nouvel ordre judiciaire.

ART. Ier.

Il sera incessamment procédé à la vérification, modification, suppression des loix anciennes qui n'établissent que l'intérêt de la fraude, de la circonvention, de la suggetion, de l'ingratitude, et d'une infinité de procès, comme sont les mariages civils et canoniques, les testamens, les donations, les substitutions, les retraits, etc.

II.

Il ne sera établi en France qu'un même poids, qu'une même mesure, qu'une même loi, qu'une même forme de procéder en civil comme en criminel.

III.

Les juges seront choisis par les justiciables dans chaque municipalité, et la justice sera administrée gratuitement et sans frais.

IV.

En cas d'appel, l'affaire sera renvoyée pardevant les citoyens commis pour juger en dernier ressort.

V.

Toutes les significations se feront par la voie de la poste, avec les précautions nécessaires pour éviter les surprises.

V I.

Il sera dressé un rôle des procès pour être jugés suivant l'ordre d'ancienneté, sans qu'aucun puisse durer au-delà de six mois ou d'une année.

V I I.

Les tutelles, les curatelles, seront décretées par les officiers municipaux qui assisteront aux inventaires et veilleront aux intérêts des mineurs et des absens, dont ils seront comptables.

V I I I.

En cas de malversation ou de prévarication, les jugemens pourront être cassés et les juges pris à partie pardevant les citoyens qui seront établis pour en connoître (1).

---

(1) Il seroit à desirer qu'il y eût un décret qui ordonnât que toutes les affaires civiles fussent terminées par transaction entre les parties, assistées chacune d'avocats choisis ou nommés d'office par les municipalités. La jurisdiction volontaire met les parties d'accord, ramene la paix et la concorde : la jurisdiction contentieuse n'a produit que du mal, dans tous les cas : il seroit à desirer qu'elle fût proscrite.

I X.

Les cas de peine capitale, afflictive, infamante et pécuniaire seront cotés par le nouveau code criminel.

X.

Tous les citoyens sans distinction seront également soumis à la loi, et encourront la même peine en cas de contravention.

X I.

Il sera donné des défenseurs à tous ceux qui en demanderont, comme il leur sera permis de se défendre par eux-mêmes.

X I I.

Les crimes de leze-nation seront cotés par la loi, qui établira le tribunal pour en connoître, lequel ne pourra être composé que des représentans de la nation.

TITRE VII.

Des contributions personnelles, territoriales et pécuniaires.

ART. Ier.

Ne seront comprises désormais sous le nom de contributions personnelles, que celles qui proviendront ou devront provenir des facultés de l'ame et du corps de chacun des membres de la société ou nation Françoise, pour tous les genres d'administration, de fonction, d'exercice, de travail, d'industrie, de talent et de service, lesquels devront tous avoir pour motif, comme pour but, la vie, l'éducation, la sûreté, la commodité, la salubrité, l'utilité, les besoins et les agrémens de toutes les classes et de tous les membres de la société ou nation Françoise.

I I.

Seront comprises sous le nom de contributions territoriales celles provenantes de la culture des terres et des animaux servant à la nourriture des hommes, de la part de ceux qui les possedent comme propriétaires, et qui, en cette qualité, ont le privilége exclusif, suivant l'ancien régime, d'en disposer et de n'en point donner à ceux qui en ont besoin pour vivre, sans argent; de façon que, suivant l'ancien régime, celui qui n'a pas de propriété, ni d'argent, est obligé de mourir de faim, ou de se faire pendre.

I I I.

Seront comprises sous le nom de contributions pécuniaires celles qui seront fournies en argent, dont, pour le plus grand malheur des hommes, l'usage a été originairement introduit, afin de faciliter l'exécution de l'ordre mercenaire, homicide et anti-social qui n'en est devenu que plus désastreux, à cause que, par la valeur qu'on y a attachée, l'argent est devenu l'objet de la cupidité et de la corruption générale et individuelle, a détruit tous les empires, et causé tous les malheurs de la France, ainsi que tous les embarras auxquels les représentans de la nation ont eu et ont encore aujourd'hui tant de peine à remédier.

I V.

Toutes les personnes en France devant être soumises aux loix, tous leurs genres de possession et de propriété, soit en terres, soit en argent, seront également soumises à la loi qui en réglera la contribution et la répartition; de maniere que, pendant la génération présente, toutes les productions des terres, ainsi que l'argent, ne soient employés qu'à la réparation des torts que les propriétés ont fait aux droits imprescriptibles de l'homme et inconciliables avec aucun genre de propriété ou de jouissance exclusive qu'aucune loi, qu'aucune convention humaine n'ont pu établir, par conséquent, au détriment de ces mêmes droits; ainsi que l'assemblée nationale l'a

reconnu

reconnu et décreté à l'égard des possessions et des jouissances exclusives du clergé de France ; celles des laïcs ne pouvant avoir de titre plus sacré ; n'étant pas moins contraires à l'ordre naturel des choses, ni moins nuisibles aux droits de l'homme.

V.

Toutes les contributions pécuniaires et territoriales ne seront employées qu'à la récompense des contributions personnelles pour la culture des terres, qui sera surveillée ; pour tous les genres d'administration, de fonction et de service publics, civils et militaires ; pour tous les genres de travail, d'industrie et de talens nécessaires au rétablissement de la sûreté, commodité et salubrité publiques dans les villes et les campagnes, afin d'en affranchir les habitans, de tous les genres de servitudes mentionnés dans les articles 5, 6, 7, 8 et 9 du premier titre des personnes et de leurs droits (1).

(1) Si on veut s'occuper efficacement des moyens de réparer tous les maux de l'ancien régime ; les ouvriers et tous ceux qui ont quelque talent, ne manqueront pas d'occupation ; car il faudra tout démolir et tout rebâtir, dans les choses, dans les loix, comme dans les personnes, si on veut atteindre à la perfection des droits de l'homme, comme on le doit, comme on le peut, en profitant des lumieres acquises, et de l'expérience de tous les siecles.

TITRE VIII.

De l'éducation nationale.

ART. Ier.

L'éducation sociale ou nationale des François nés et à naître, sera regardée comme la base la plus essentielle, et le fondement le plus indestructible de la régénération ou nouvelle constitution Françoise.

II.

Il sera reconnu pour principe fondamental, qu'il est impossible qu'il y ait de loix véritables, sans une éducation, qui en fasse contracter la connoissance, la pratique, l'amour et l'habitude.

III.

Les loix doivent être, dans l'ordre moral ou social, ce qu'elles sont dans l'ordre physique.

IV.

Dans l'ordre physique, les loix ne sont que les impulsions qui déterminent tous les corps animés et inanimés à se classer, à s'arranger, à agir de façon à se soutenir, à se conserver, à se reproduire et à se perpétuer les uns par les autres.

V.

Dans l'ordre moral ou social, il est impossible que les loix operent ces mêmes impulsions sans une éducation qui en fasse contracter à chaque individu la connoissance, la pratique, l'amour et l'habitude, seuls moyens d'opérer ces mêmes impulsions, sans quoi les loix ne seront que des contraintes ou des servitudes, comme dans l'ancien régime.

V I.

Dans l'ordre physique, tout se régit, se conserve, se reproduit et se perpétue par des regles sûres, uniformes, et qui ne varient jamais.

V I I.

Dans l'ordre moral ou social, il est impossible qu'il y ait de regles sûres, uniformes et qui ne varient jamais, sans une éducation qui les apprenne à chacun des membres de la société, par la raison que l'homme n'arrive point au monde avec la connoissance, la pratique, l'amour et l'habitude d'aucune regle sûre pour s'éclairer, ni pour se conduire, au contraire, mais seulement avec la perfectibilité.

V I I I.

La perfectibilité de l'homme considéré dans

l'état de pure nature, est le fondement des premiers droits qu'il reclame en naissant pour son existence physique.

I X.

La bienfaisante nature et son ineffable auteur ont placé dans le sein de la femme une excellente nourriture qu'elle ne peut garder sans douleur, et qu'elle donne avec plaisir à son enfant, comme ils ont placé dans son sein un sentiment de tendresse qui la porte à braver tous les dangers pour voler au secours de son enfant dans tous les cas possibles.

X.

C'est par les soins de sa nourrice que l'existence physique de l'homme acquiert ses premiers dégrés de perfection.

X I.

La perfectibilité de l'homme considéré dans l'état social ou moral, est le fondement des premiers droits qu'il reclame, comme membre de la société, pour son existence morale ou sociale.

X I I.

L'homme considéré comme membre d'une société, doit donc trouver dans le sein de la société, mere de tous ses membres, les mêmes ressources pour exister que celles qu'il a trouvées dans le sein de sa mere : il doit trouver aussi dans le cœur de la société, les mêmes sentimens de tendresse, et les mêmes secours contre tous les dangers, que ceux qu'il a trouvés dans le cœur de sa mere.

X I I I.

L'existence de l'homme dans l'ordre physique appartient essentiellement à la nature dont il fait essentiellement partie : l'existence morale ou sociale de l'homme doit donc appartenir essentiellement à la société dont il fait essentiellement partie, comme membre de la société (1).

X I V.

L'homme, dans l'ordre physique, est nourri, élevé et perfectionné par sa mere et pour elle, pendant tout le tems qu'il est sous sa dépendance : l'homme dans l'ordre moral ou social doit donc être nourri, élevé et perfectionné par la société et pour elle, pendant tout le tems qu'il est sous la dépendance de la société.

---

(1) La paternité n'est qu'une institution de l'ancien code civil, comme le mariage.

X V.

L'homme, dans l'ordre physique, n'est nourri, élevé et perfectionné par sa mere, que pour son plus grand avantage; l'homme dans l'ordre moral ou social ne pourra être nourri, élevé et perfectionné que pour son plus grand avantage social.

X V I.

Pourque dans l'ordre moral ou social, l'homme soit élevé et perfectionné pour son plus grand avantage, il faudra qu'on lui apprenne à ne travailler que pour le bonheur de ses semblables, qui, tous élevés comme lui, deviendront les garans et les artisans nécessaires de son bonheur; de façon qu'il aura pour lui toute la masse de la société; au lieu que de toute autre façon, comme dans l'ancien régime, il n'auroit que lui et tous ses semblables contre lui.

X V I I.

Il sera dressé un catéchisme dans lequel on commencera par établir en quoi consiste le vrai bonheur de l'homme, ainsi que les moyens de l'acquérir.

X V I I I.

Il sera établi des écoles publiques pour les enfans des deux sexes, et des ateliers publics pour tous les genres d'exercices, de travaux, de culture, d'industrie, de talent et de service, dans tous les lieux du royaume, afin de perfectionner toutes les facultés de l'ame et du corps, et les diriger vers tous les genres de besoins; chacun selon ses dispositions naturelles.

X I X.

En attendant, les églises, les maisons des religieux et des religieuses, seront destinées à l'exécution du précédent article.

X X.

Tous les ecclésiastiques et autres en état de concourir par leurs lumieres, par leurs talens, et par leur zele patriotique, à l'éducation nouvelle des hommes, ainsi que les religieuses et les autres femmes qui seront animées des mêmes vues, seront invités à se présenter ou à s'annoncer aux officiers municipaux dans toute l'étendue du royaume, etc.

Il seroit inutile d'entrer dans un plus long détail sur la nécessité de l'éducation sociale ou nationale. Le catéchisme du genre humain en a tracé les principes, ainsi que les moyens de les mettre en activité. Il a été présenté et donné à l'assemblée nationale : elle a fait plus de bien que l'auteur n'espéroit pour la génération présente. Le décret rendu sur la motion de M. l'évêque d'Autun le mois d'octobre dernier ayant plongé le poignard dans le cœur de l'hydre qui empoisonna l'univers, toutes ses têtes désormais impuissantes et abatues vont flétrir et se dessécher d'elles-mêmes. Je ne vois donc rien aujourd'hui qui puisse arrêter les représentans de la nation dans l'établissement du véritable ordre moral et de l'éducation sociale ou nationale, pour l'immortelle gloire de la génération présente, et pour la félicité inaltérable de tous les siecles à venir.

Il ne sera pas indifférent de remarquer que, si les représentans de la nation éprouvent des difficultés et des dangers allarmans pour les amis de la régénération ou nouvelle constitution, ce ne peut être que par le fait des gens qui sont à la tête des affaires, qui, par leur état, ont quelque influence sur les esprits, qui, par leurs richesses, peuvent corrompre le peuple, soudoyer des étrangers, pour armer la France contre elle-même, lui déchirer le sein, et opérer une contre-révolution.

Il seroit donc d'essentielle précaution que les représentans de la nation réunissant tous les genres de pouvoirs, en fissent usage, de concert avec le roi, pour éloigner tous les agens du pouvoir exécutif, ainsi que tous les gens en place, et tous autres notoirement suspects; avant que, par l'exécution des projets désastreux dont ils nous menacent publiquement par leurs écrits incendiaires, et par les fermentations et les massacres qui font horreur dans plusieurs provinces du royaume, ils n'achevent de faire acquérir contre eux les preuves, déjà trop manifestes, du crime exécrable de leze-nation, pour leur en éviter la peine; ou, ce qui est encore infiniment plus important, pour empêcher que la France ne succombe et ne devienne la proie des intrigues et des fureurs du despotisme ministériel.

N. B. Ceux qui voudront qu'on leur envoye un exemplaire de la nouvelle édition du Catéchisme du Genre-Humain, sont invités à laisser ou envoyer, port franc, leur adresse chez Debray, libraire au Palais royal.

Le prix sera de 3 l. 12 sols, au lieu de 48 liv. qu'on en a refusé, depuis que la première édition a été épuisée.

De l'Imprimerie de J. J. RAINVILLE, rue Sainte-Anne, bute Saint-Roch, n°. 59.

www.ingramcontent.com/pod-product-compliance
Ingram Content Group UK Ltd.
Pitfield, Milton Keynes, MK11 3LW, UK
UKHW020954220726
13924UKWH00002B/692

9 782019 680541